तेंदुए के निशान

ये उन दिनों की बात है, जब सभी जानवर एक ही रंग के हुआ करते थे। तब तेंदुआ अफ्रीका के एक ऐसे पठारी हिस्से में रहता था जो सामान्य पठारों से बिल्कुल अलग गर्म, सूखा और चमकीला मैदान था। यहाँ रेत, रेतीले रंग के पत्थर और सिर्फ़ रेतीली पीली-सी घास का विस्तार था। अलग तरह का गर्म, सूखा और चमकीला पठार था, जहाँ रेत, रेत के रंग के पत्थर तथा सिर्फ रेतीली पीली-सी घास के जंगल थे।

जिराफ, **ज़ेबरा**, **इलैंड**, **कूडू** और **हार्ट-बीस्ट** वहाँ रहते थे। सभी का पूरा शरीर सिर्फ रेतीला भूरा था। **तेंदुआ** इन सबसे ज्यादा रेतीला भूरा, बिल्ली की तरह दिखने वाला जंगली जानवर था। उसका रोआँ-रोआँ इस पठारी मैदान से मिलता-जुलता था। यह बाकी सब जंगली जानवरों के लिए परेशानी की बात थी। ऐसा इसलिए, क्योंकि वह भूरे-पीले पत्थर और घास के झुरमुट के बगल में लेट जाता था जब **जिराफ**, **जेबरा**, **कूडू** उसके बगल से गुजरते तो वह उनपर झपट पड़ता।

वहाँ एक तीर-कमान वाला हबशी भी था जो ऊँची घाटी में तेंदुए के साथ रहता था। उसका रंग भी भूरा था। दोनों एक साथ शिकार करते थे- तेंदुआ अपने दाँतों और पंजों से तथा हबशी अपने तीर-कमान से। दोनों से परेशान जिराफ, जेबरा, इलैंड, कूडू समेत अन्य जानवरों की समझ में नहीं आता था कि वे बचकर किधर जाएँ।

शिकार होने के डर से सभी जानवर उस हर चीज़ से बचने लगे, जो तेंदुए और उस हबशी की तरह दिखती थी। इसी डर के चलते एक-एक कर सभी जानवर पठारी मैदान से भागने करने लगे। भागने की शुरुआत जिराफ ने की, क्योंकि उसकी टाँगें सबसे लंबी थीं। इसके बाद अन्य जानवर भी उसके साथ हो लिए। वे भागते गए, भागते गए, कई दिनों तक भागने के बाद वे एक बड़े से जंगल में पहुँचे, वहाँ सिर्फ पेड़ और झाड़ियाँ थीं और साथ ही धारीदार, चित्तीदार, परछाइयाँ। सभी वहाँ छिपकर रहने लगे।

लंबे समय तक उस जंगल में रहने के बाद सभी जानवरों के शरीर की रंगत बदलने लगी। सभी उस घने जंगल में आधी धूप और आधी छाँव में रहते थे, जिसके कारण यह हुआ। जिराफ के शरीर पर धब्बे हो गए और जेबरे के शरीर पर धारियाँ पड़ गईं। इलैंड और कूडू का रंग गहरा हो गया और उनकी कमर पर पेड़ के तने की छाल की तरह लहरदार-सी सलेटी धारियाँ पड़ गईं।

अब उनकी आवाज़ भी सुनी जा सकती थी, जो तेंदुए और हबशी के डर के कारण नहीं निकलती थी। उनकी अलग-अलग गंध भी पहचानी जा सकती थी। उस जंगल की धारीदार, चित्तीदार छाँव में उनका वक्त बड़े मज़े में कट रहा था।

वहीं दूसरी तरफ **हबशी** और **तेंदुआ** रेतीले मैदान में इधर-उधर भाग-दौड़ रहे थे। दोनों परेशान हो रहे थे कि उनका सारा नाश्ता-खाना कहाँ चला गया। अंत में उन्हें इतनी भूख सताने लगी कि उन्होंने चूहे, मकोड़े और खरगोश खाने शुरू कर दिए। इसके बाद **हबशी** और **तेंदुआ**, अफ़्रीका में सबसे बुद्धिमान माने जाने वाले जानवर बबून के पास गये। **तेंदुए** ने बबून से पूछा, "सारे शिकार कहाँ चले गए?" और बबून ने आँख मारी, क्योंकि वह जानता था कि सारे जानवर कहाँ गए हैं।

हबशी ने बबून से पूछा, “क्या तुम मुझे बता सकते हो कि सारे जानवर आजकल कहाँ रहते हैं?" बबून ने फिर आँख से इशारा किया, क्योंकि वह जानता था।

उसने कहा, “शिकार दूसरी जगहों पर चले गए हैं। तुम्हें मेरी सलाह है कि जितनी जल्दी हो सके, तुम भी दूसरी जगहों पर चले जाओ।"

हबशी ने कहा, “यह सब तो ठीक है, लेकिन मैं यह जानना चाहता हूँ कि सारे जानवर कहाँ भाग कर गए हैं?" तब बबून ने कहा, “सारे जानवर पेड़-पौधों में मिल गए हैं, क्योंकि बदलाव का वक्त आ गया है। और तुम्हारे लिए भी मेरी यही सलाह है कि जितनी जल्दी हो सके, तुम भी बदल जाओ।"

इस सलाह ने तेंदुए और हबशी को उलझन में डाल दिया।

इसके बाद दोनों पेड़-पौधों की तलाश में निकल पड़े। बहुत दिनों तक भटकने के बाद उन्हें एक ऊँचा घना जंगल दिखाई दिया, जो पेड़ों के तनों से भरा हुआ था। जो खास तरह से धब्बेदार, चित्तीदार आड़ी-तिरछी बड़ी-छोटी धारियों, अलग-अलग आकार के टुकड़ों की परछाइयों से ढँका हुआ था।

“यह क्या है," **तेंदुआ** बोला, “यहाँ कितना अंधेरा है, और सब तो रोशनी के टुकड़ों से भरा हुआ है।"

"मुझे नहीं मालूम," **हबशी** ने कहा, "यही वनस्पतियाँ होंगी। मुझे जिराफ की गंध आ रही है। मैं उसकी आवाज़ भी सुन रहा हूँ, मगर वह कहीं नज़र नहीं आ रहा।"

"बड़ी अजीब बात है," तेंदुए ने कहा, “मुझे लगता है कि हम लोग अभी धूप से आए हैं, इसलिए हमे ऐसा लग रहा है। मुझे जेबरे की गंध आ रही है। मैं उसकी आवाज़ भी सुन रहा हूँ। लेकिन वह कहीं नज़र नहीं आ रहा!"

"ज़रा ठहरो," **हबशी** ने कहा, "हमें उसका शिकार किए हुए बहुत दिन हो गए हैं। शायद हम भूल गए कि वे कैसे होते हैं।"

“क्या मजाक है," **तेंदुए** ने कहा, “मुझे बिल्कुल अच्छी तरह याद है कि वे पठारी मैदान में कैसे होते थे, खासकर उनकी रसीली हड्डियाँ। जिराफ लगभग सत्तरह फुट ऊँचा और सिर से खुर तक सुनहरा-पीला होता है। जेबरा साढ़े चार फुट के करीब ऊँचा होता है, और सिर से खुर तक भूरा-होता है।"

"हूँ ऽऽऽ," हबशी ने जंगल की धब्बेदार, चित्तीदार परछाइयों को देखते हुए कहा, "तब तो उनको इस अंधेरी जगह में धुंआ घर में पके केले की तरह नज़र आना चाहिए।"

लेकिन ऐसा नहीं हुआ। एक भी जानवर उन्हें नज़र नहीं आया। दोनों सारा दिन ढूँढते रहे। हालाँकि उनकी आवाज़ें और गंध आ रही थीं, लेकिन उनमें से कोई दिखाई नहीं दे रहा था ।

"भगवान के नाम पर," तेंदुए ने कहा, "हमें अंधेरा होने का इंतजार करना चाहिए। दिन के समय शिकार करना बेकार है।"

वे अंधेरे का इंतजार करने लगे। अँधेरा होने पर तेंदुए ने पेड़ की शाखाओं से आने वाली सितारों की रोशनी में, जो धारियों के रूप में पड़ रही थी, किसी के जोर से साँस लेने की आवाज़ सुनी। वह उस आवाज़ पर चौकन्ना हो गया। उसे जेबरे की गंध आ रही थी। उसने ज़ेबरा की तरह दिखने वाले किसी को आते देखा। तेंदुआ उस पर कूदा और गिरा **लिया**। गिरने पर उस जीव ने जेबरे की तरह ही लात मारी। हालाँकि तेंदुआ अभी भी उसे देख नहीं पा रहा था, उसने कहा, "चुप हो जा बिना आकार के जीव! मैं तेरे सिर पर सुबह तक बैठने वाला हूँ; क्योंकि कुछ ऐसी बात है, जिसे अभी मैं समझ नहीं पा रहा हूँ।"
तभी उसे घुरघुराने की, टक्कर की और छीना-झपटी की आवाज़ें सुनाई दीं। हबशी ने चिल्लाकर कहा, "मैंने एक चीज़ पकड़ी है। मैं इसे देख तो नहीं पा रहा, लेकिन इसकी गंध जिराफ जैसी है। यह जिराफ की तरह ही लात मार रहा है, मगर इसकी कोई शक्ल नहीं है।"

"तुम इस पर भरोसा मत करना," तेंदुए ने कहा, "इसके सिर पर सुबह होने तक बैठे रहो। मैं भी ऐसा ही कर रहा हूँ। इनमें से किसी की भी कोई आकृति नहीं है।"

इसके बाद दोनों दिन निकलने और धूप आने तक उन्हें ज़ोर से दबाकर उन पर बैठे रहे।

दिन निकलने पर **तेंदुए** ने पूछा, "तुमने क्या पकड़ा, भाई?" **हबशी** ने अपना सिर खुजलाकर कहा, "इसे तो सिर से पैर तक सिर्फ भूरा-सा होना चाहिए, और इसलिए इसे **जिराफ** होना चाहिए। लेकिन यह तो भूरे धब्बों से ढँका हुआ है। और भाई, तुमने क्या पकड़ा?"

तेंदुए ने अपना सिर खुजलाया और कहा, "यह सिर्फ हल्का सलेटी-सा भूरा होना चाहिए। लेकिन इस पर तो काली-जामुनी धारियाँ हैं। जेबरा, तुमने अपने साथ आखिरकार यह क्या किया है! क्या तुम नहीं जानते कि अगर तुम पठारी मैदान में होते तो मैंने तुम्हें दस मील दूर से ही देख लिया होता। अब तो तुम्हारा कोई आकार ही नहीं है।"

"हाँ," जेबरा ने कहा, "क्या तुम देख नहीं रहे कि यह पठारी मैदान नहीं है।"

"अब मैं देख सकता हूँ," **तेंदुए** ने कहा, "लेकिन कल मैं नहीं देख सका। तुमने यह कैसे किया?"

"हमें उठ जाने दो, फिर हम तुम्हें दिखाते हैं।"
उन्होंने जेबरा और जिराफ को खड़े होने दिया। जेबरा चलकर एक कँटीली झाड़ी के पास गया, जहाँ धूप धारियों में पड़ रही थी और **जिराफ** बड़े से लंबे पेड़ के पास गया, जहाँ छाया धब्बेदार थी।

"अब देखो, " जेबरा और जिराफ ने कहा, "यह इस तरह से किया गया है- एक-दो-तीन... "
और कहाँ गया नाश्ता !

तेंदुए ने घूरकर देखा और हबशी ने भी। लेकिन उन्हें जंगल में सिर्फ धारी और चित्तीदार छायाएं ही नज़र आयीं। जेबरा और जिराफ का कोई निशान तक नहीं था। वे चले गए थे और उन्होंने खुद को परछाइयों वाले जंगल में छिपा लिया था।

"ही ही ही," हबशी ने कहा, "यह तो सीखने लायक चालाकी है। तेंदुए इससे कोई सबक सीखो। तुम इस अंधेरी जगह में ऐसे चमक रहे हो जैसे कोयले की टोकरी में साबुन का टुकड़ा।"

"हो हो हो" तेंदुए ने कहा, "क्या तुम्हें यह जानकर ताज्जुब होगा कि तुम खुद इस अंधेरी जगह में कोयले के बोरे के ऊपर पीले प्लास्टर जैसे लग रहे हो?"

"एक-दूसरे का मज़ाक बनाने से शिकार नहीं मिलेगा," हबशी ने कहा, "कहने का मतलब यह है कि हम अपने आस-पास और पीछे के दृश्य से मेल नहीं खाते। मैं तो बबून की बात मानने की सोच रहा हूँ। उसने कहा था कि मुझे बदल जाना चाहिए। और मुझे तो ज्यादा कुछ नहीं बदलना, सिवाय अपनी खाल के। मैं इसे बदलने जा रहा हूँ।"

"किस तरह से," तेंदुए ने पूछा। वह कुछ ज्यादा ही उत्तेजित था।

"एक अच्छे-से काले-से भूरे रंग में, जिसमें थोड़ा-सा जामुनी और नीला रंग भी मिला होगा!"

उसने उसी वक्त और वहीं पर अपनी खाल को बदल दिया। तेंदुआ पहले से भी ज्यादा उत्तेजित था। उसने पहले कभी किसी आदमी को अपनी खाल बदलते नहीं देखा था।

"लेकिन मैं अपना क्या करूँ?" उसने पूछा। अब **हबशी** ने अपनी आखिरी छोटी उँगली तक की खाल का रंग बदल लिया था।

"तुम भी बबून की बात मान लो। उसने तुम्हें धब्बों की सलाह दी थी। तुम्हारी खाल पर धब्बे यानी धारियाँ।"

"उसका क्या फायदा है?"

"**जिराफ** का सोचो," **हबशी** ने कहा, "या अगर तुम्हें धारियाँ ज्यादा पसंद हों तो जेबरा का सोचो। वे धारियों और चित्तियों से पूरी तरह संतुष्ट हैं।"

"ऊँ ऊँ...," **तेंदुए** ने कहा, "मैं जेबरा की तरह तो बिल्कुल नहीं दिखना चाहता।"
"ठीक है," **हबशी** ने कहा, "तुम सोच लो। मुझे तुम्हारे बिना शिकार करने जाना अच्छा नहीं लगेगा। लेकिन अगर तुम काले बाड़े में सूरजमुखी के फूल की तरह दिखने पर ज़ोर दोगे तो मुझे जाना ही पड़ेगा।"

"तब तो मैं चित्तियां ही ले लूँगा," तेंदुए ने कहा, "लेकिन उन्हें बड़ी-बड़ी और भद्दी-सी मत बनाना। मैं **जिराफ** की तरह दिखना नहीं चाहता।"
"मैं उन्हें अपनी उँगलियों के सिरों से बनाऊँगा," **हबशी** ने कहा, "अभी भी मेरी उँगलियों पर काफी काला रंग बचा हुआ है, तुम खड़े हो जाओ।"

हबशी ने अपनी पाँचों उँगलियों के सिरों को एक साथ मिला लिया (उसकी नयी खाल पर अभी भी काफी काला रंग था) और **तेंदुए** के पूरे शरीर पर जगह-जगह दबाया। जहाँ-जहाँ उँगलियों ने छुआ, वहाँ

पास-पास पाँच छोटे-छोटे निशान बन गये। आप आज भी तेंदुए के शरीर पर वे निशान देख सकते हैं। कभी-कभी उँगलियाँ ज़रा-सा फिसल गईं तो इससे निशान थोड़ा धुले-से हो गए।

अगर आप ध्यान से किसी **तेंदुए** की खाल को देखेंगे, तो आपको हमेशा पाँच काली मोटी उँगलियों के निशान नज़र आएंगे।

"अब तुम सुंदर दिख रहे हो," **हबशी** ने कहा, "अब तुम अगर खुले मैदान में लेटोगे तो कंकड़ों का ढेर नज़र आओगे। तुम नंगी चट्टान पर लेट सकते हो, पुडिंग स्टोन लगोगे। तुम पेड़ की पत्तों वाली डाली पर लेटोगे, तो लगेगा कि पत्तों से होकर सुंदर दिख रहे हो, और तुम किसी रास्ते के बीचोंबीच भी लेटोगे तो कोई खास चीज नहीं लगोगे। अब ये सब सोचो और खुश हो जाओ।"

"लेकिन अगर मैं यह सब हूँ तो तुम चित्तीदार क्यों नहीं बने?" **तेंदुए** ने कहा।

"अरे! काला-सादा रंग सबसे अच्छा है," हबशी ने कहा, 'अब देखते हैं हम अपने नाश्ते श्रीमान 1-2-3 को सबक सिखा पाते हैं या नहीं!"

इसके बाद वे दोनों चल पड़े। तभी से दोनों खुशी-खुशी साथ रहने लगे।

कहानी खत्म।

ओह, कभी-कभी आप किसी को कहते सुनेंगे, "क्या हबशी अपनी खाल और तेंदुआ अपने निशान बदल सकते हैं?" मुझे नहीं लगता कि लोग ऐसी बेमानी बात कहते, अगर हबशी और तेंदुए ने एक बार ऐसा न किया होता तो। है कि नहीं?

लेकिन वे दुबारा ऐसा नहीं करेंगे। वे जैसे हैं उससे बहुत खुश हैं।

क्या आप शिकार करने में हबशी और तेंदुए की मदद करेंगे ?

रास्ता खोजिए

खोजिए और सभी जानवरों को जंगल में छिपाइए।

The Kid Books

अनबाउंड स्क्रिप्ट का उपक्रम

तेंदुए के निशान

प्रथम संस्करण - 2026

ISBN : 978-81-976645-8-8

प्रकाशक
अनबाउंड स्क्रिप्ट
2/41, अंसारी रोड, दरियागंज, दिल्ली - 110002
वे बसाइट : www.unboundscript.com
ईओं लअbooks@unboundscript.com**अअअअ**
फेनअं .अ011-35807601

TENDUYE KE NISHAAN
Written *by* Rudyard Kipling

मुद्रक

एच टी मीडिया लि. ग्रेटर नोएडा, उत्तर प्रदेश

मूल्य : ₹ 125/-